LA BICYCLETTE
BLEUE

REGINE DEFORGES

LA BICYCLETTE BLEUE

BLEUE

(EXTRAIT)

Rédacteur: Hanne Blaaberg
Illustrations : Erik Strøm

Les structures et le vocabulaire de ce livre sont fondés sur
une comparaison des ouvrages suivants:
Börje Schlyter: Centrala Ordförrådet i Franskan
Le Français Fondamental
Albert Raasch: Das VHS-Zertifikat für Französisch
Etudes Françaises – Cours de base
Sten-Gunnar Hellström, Sven G. Johansson: On parle français
Ulla Brodow, Thérèse Durand: On y va

© Editions Ramsay, 1981
© 1986 par Grafisk Forlag/Aschehoug Dansk Forlag A/S
ISBN Danemark 87-11-07462-0

Imprimé au Danemark par
Grafisk Institut A/S, Copenhague

ftw
AGL9820

REGINE DEFORGES

Née dans le Poitou, Régine Deforges est éle-
vée dans des institutions religieuses. Elle est,
en 1968, la première femme éditeur, mais en
1975 elle commence à écrire elle-même.

La Bicyclette Bleue, qui paraît en 1983, est
son cinquième roman. C'est le premier
volume d'une série de trois.

Cette édition ne couvre que la dernière
partie du volume, et pour en faciliter la lec-
ture, une liste des personnages et une carte
de la région y ont été incluses.

LISTE DES PERSONNAGES

Pierre Delmas
> propriétaire du château de Montillac, situé entre
> Verdelais et Saint-Macaire

Isabelle Delmas
> femme de Pierre Delmas,
> née Isabelle de Montpleynet,
> morte en 1940

Françoise Delmas
> première fille d'Isabelle et de Pierre Delmas,
> née en 1920,
> infirmière à l'hôpital de Langon

Léa Delmas
> deuxième fille d'Isabelle et de Pierre Delmas,
> née en 1922

Laure Delmas
> dernière fille d'Isabelle et de Pierre Delmas,
> née en 1925

Adrien Delmas
> frère de Pierre Delmas,
> *moine* dominicain

Luc Delmas
> frère de Pierre Delmas,
> avocat à Bordeaux

Philippe Delmas
> fils de Luc Delmas

Corinne Delmas
> fille de Luc Delmas

---

un moine, religieux

Pierre Delmas
    fils de Luc Delmas,
    appelé Pierrot
Bernadette Bouchardeau
    sœur de Pierre Delmas,
    veuve
Lucien Bouchardeau
    fils de Bernadette Bouchardeau,
    s'est joint au général de Gaulle à Londres
Ruth
    vieille *gouvernante* à Montillac
Sidonie
    ancienne cuisinière de Montillac,
    habite une ferme près du château
Lisa de Montpleynet
    sœur du père d'Isabelle Delmas,
    vit à Paris avec sa sœur Albertine
Albertine de Montpleynet
    sœur de Lisa de Montpleynet
Jules Fayard
    maître de *chais* au château de Montillac
Mathias Fayard
    fils de Jules Fayard,
    né en 1919,
    ami d'enfance de Léa,
    soldat

---

une veuve, femme dont le mari est mort
se joindre à, aller avec
une gouvernante, femme à qui on confie la garde et l'éducation
d'un ou plusieurs enfants
un chai, cave où on garde les vins

Raymond d'Argilat
>   propriétaire des Roches-Blanches
>   près de Saint-Emilion,
>   ami de Pierre Delmas,
>   mort en 1940

Laurent d'Argilat
>   fils de Raymond d'Argilat,
>   *lieutenant,*
>   *prisonnier* en Allemagne

Camille d'Argilat
>   cousine et femme de Laurent d'Argilat,
>   née en 1920

Charles d'Argilat
>   fils de Camille et de Laurent d'Argilat,
>   né en 1940

François Tavernier
>   ami de Laurent d'Argilat,
>   conseiller du gouvernement

Raphaël Mahl
>   écrivain, homme *de mauvaise réputation*

Sarah Mulsteïn
>   juive,
>   amie de François Tavernier,
>   son mari est dans un camp en Pologne

Richard Chapon
>   directeur de «La Petite Gironde»,
>   journal de Bordeaux

---

un lieutenant, officier
un prisonnier, personne mise en prison ou dans un camp
de mauvaise réputation, qui est connu pour de mauvaises choses

Frederic Hanke
 lieutenant allemand,
 habite au château de Montillac
Otto Kramer
 lieutenant allemand,
 habite au château de Montillac

CARTE DE LA RÉGION

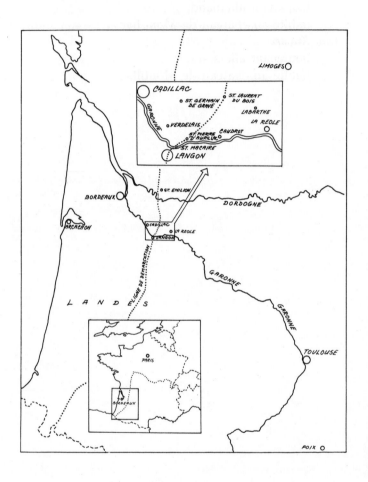

L'hiver n'*en finissait* pas. Il ne faisait pas plus de dix degrés dans la grande maison. Dans cette région *viticole,* presque tout le monde a souffert de la faim et du froid durant le rude hiver 40-41.

A Montillac, tous *se privaient* pour envoyer des paquets à Laurent. En février, une carte leur a fait savoir qu'il avait été *transféré* à la *forteresse* de Colditz.

En mars, Albertine et Lisa ont annoncé leur intention de retourner à Paris. Les deux demoiselles, habituées à la ville, ne supportaient plus la campagne.

Avec le printemps, la situation à la propriété s'est *améliorée* un peu. Des légumes poussaient dans le *potager* de Léa.

Fayard, devenu *régisseur* de la propriété, a reçu des nouvelles de son fils : il était prisonnier en Allemagne, mais rentrerait bientôt. Le *Maréchal s'en portait garant.*

L'admiration de Fayard pour le maréchal Pétain ne connaissait plus de *bornes.* La France était en bonnes mains! Travail, Famille, Patrie, l'avenir était là. Une seule ombre à sa joie : il s'habituait mal à la présence des Allemands à Montillac.

---

en finir, prendre fin; cesser
viticole, qui produit du vin
se priver, renoncer à qc
transférer, déplacer
une forteresse, château fort
s'améliorer, devenir meilleur
un potager, jardin de légumes et de certains fruits
un régisseur, ici : personne qui administre une propriété
un maréchal, officier général
se porter garant de qc, assurer qc; garantir qc
une borne, frontière; limite

Mathias Fayard a été libéré au mois de mai. En le voyant, Léa a retrouvé le sourire qui l'avait abandonnée depuis la mort de sa mère.

– Tu es maigre et sale. Viens, je vais te préparer un bain.

Et Léa l'a entraîné dans l'escalier, puis dans la chambre des enfants. *Enlacés,* ils ont roulé sur les *coussins.*

un coussin

– Tu es vivant, tu es vivant, ne cessait de répéter Léa.

– Je ne pouvais pas mourir, puisque je pensais à toi. Mais laisse-moi, je suis sale et j'ai peut-être des *poux.*

Au mot poux, Léa l'a repoussé.

– Tu as raison. Attends-moi là, je vais préparer ton bain.

un pou

La salle de bains de la chambre des enfants était la plus vaste et la plus ancienne de la maison. C'est dans cette grande *baignoire* qu'Isabelle avait lavé chaque soir ses filles, dans les rires et les cris!

---

enlacer, serrer dans ses bras

une baignoire   une lavande

Léa a versé sous les robinets les derniers sels de *lavande* de sa mère. La vapeur chaude et parfumée l'a *bouleversée*. Elle a glissé à genoux sur le tapis de bain, en pleurant.

– Léa!

Camille *s'est agenouillée* auprès d'elle.

– Ma chérie, qu'as-tu?

– Maman...

Alors, Camille, à son tour, a *fondu en larmes,* et c'est ainsi que Ruth les a découvertes.

– Qu'y a-t-il? Un accident?...

– Non... non... Ruth, ne vous inquiétez pas, a dit Camille en se relevant.

Avec des gestes *maternels,* elle a passé de l'eau fraîche sur le visage de Léa.

– Madame Camille, le lieutenant Kramer est en bas. Il voudrait vous parler.

– Que fait-il ici dans la journée? Et pourquoi veut-il

---

bouleverser, causer une émotion violente et pénible
s'agenouiller, se mettre à genoux
fondre en larmes, se mettre à pleurer
maternel, d'une mère

me voir?

– Je n'en sais rien, mais il a un air plutôt sombre.

– Mon Dieu! *Pourvu qu*'il ne soit rien arrivé à Laurent.

– Que veux-tu qu'il soit arrivé à Laurent! Il est prisonnier, il ne risque rien, a dit Léa en essuyant son visage.

– Viens avec moi, je n'ai pas le courage d'y aller seule.

– Re*coiffons-nous* d'abord. S'il voit que nous avons pleuré, il va se poser des questions.

– Tu as raison.

Les deux jeunes femmes ont tenté d'effacer les traces de leur *chagrin*.

– Ruth, s'il te plaît, va dire à Mathias que son bain est prêt, a dit Léa. Il est dans ma chambre.

Le lieutenant attendait, debout dans le salon.

– Vous avez demandé à me voir, monsieur?

– Oui, madame, j'ai à vous annoncer quelque chose de fort regrettable : votre mari *s'est évadé*.

Camille est restée parfaitement calme.

– Quand est-ce arrivé? a demandé Léa.

– A Pâques.

– C'est seulement maintenant que vous l'apprenez?

– Non, nous avons été avertis il y a trois semaines.

– Pourquoi ne me prévenez-vous que maintenant?

– Nous avons fait surveiller la maison et sa pro-

---

pourvu que, espérons que
se coiffer, arranger ses cheveux
un chagrin, tristesse; douleur
s'évader, s'échapper; s'enfuir

priété des Roches-Blanches.

– Vous l'auriez arrêté?

– J'aurais fait mon devoir, madame. Avec regret, mais je l'aurais fait. Etant votre *hôte* et ayant pour vous de la sympathie, j'ai *tenu à* vous avertir moi-même.

– Que se passera-t-il, s'il est repris?

– Il risque d'être traité très *sévèrement*. Madame d'Argilat, permettez-moi un conseil. Si, par miracle, votre mari parvenait à *déjouer* notre surveillance, conseillez-lui de se rendre.

– Jamais je ne ferai une chose pareille.

– Madame, c'est dans son intérêt et le vôtre que je vous parle. Pensez à votre fils.

– C'est bien parce que j'y pense, monsieur, que je ne donnerai jamais un tel conseil à mon mari.

– Ah! madame, si tous les Français avaient pensé comme vous!

Claquant les *talons,* le lieutenant a salué et est sorti.

Camille et Léa sont restées immobiles et silencieuses un long moment.

– Pourvu qu'il ne vienne pas ici, pensaient-elles.

– Il faut prévenir oncle Adrien, a dit Léa.

– Comment faire? Depuis le début du mois de février, nous n'avons plus eu de nouvelles.

– Avant de partir, il m'a dit qu'*en cas d'urgence,* on

---

un hôte, ici : personne qui loge chez qn
tenir à, vouloir absolument
sévèrement, durement
déjouer, tromper; échapper à
claquer, faire produire un bruit sec
un talon, voir illustration page 16
en cas d'urgence, s'il faut agir vite

un talon

pouvait laisser un message à Richard Chapon. Je vais aller à Bordeaux.

– J'irai avec toi.

– Non. Si nous y allons toutes les deux, le lieutenant se doutera de quelque chose et nous fera peut-être suivre. J'ai une idée. Demain, papa et Ruth vont voir Laure au *pensionnat*. Je vais leur dire que j'ai envie de

---

un pensionnat, école privée où les élèves sont logés et nourris

voir ma petite sœur.

Léa est sortie et s'est heurtée dans l'entrée à un grand jeune homme, qui l'a prise dans ses bras.

– Oh! c'est toi... je t'avais oublié.

– Déjà. Je viens d'arriver et je suis déjà sorti de ta vie, ce n'est pas gentil.

– Non, Mathias, ce n'est pas ça. C'est... excuse-moi, je ne peux rien te dire. Rendez-vous au *calvaire* dans une heure.

un calvaire

Quand Léa a *rejoint* Mathias, la pluie s'est mise à tomber. Ils sont entrés dans une des chapelles du Chemin de Croix et là, l'un contre l'autre, ils se sont raconté ce qui leur était arrivé après leur séparation.

– Et que vas-tu faire maintenant? a demandé Léa.

– Je vais travailler. Mon père a besoin de moi.

– Oui, évidemment, mais la guerre?

– Quoi la guerre?

– Il y a des gens qui continuent à se battre.

– Tu veux parler de l'Afrique du Nord?

– Oui, ou du général de Gaulle.

---

rejoindre, aller retrouver

– Tu sais, de Gaulle, on m'en a parlé dans le train, il y a deux jours. Beaucoup pensent que ce n'est pas sérieux et qu'il faut faire confiance au Maréchal.

– Mais toi, qu'en penses-tu?

– Moi, tu sais, pour le moment, je ne pense qu'à une chose : je suis rentré chez moi et je tiens dans mes bras la femme que j'aime. Alors, de Gaulle, il peut attendre.

Léa l'a repoussé.

– Je n'aime pas que tu parles comme ça.

– Allons, ma chérie, tu ne vas pas me dire que tu t'intéresses à la politique, que tu es gaulliste?

– Tu ne comprends pas, c'est de liberté qu'il s'agit.

Le jeune homme a éclaté de rire.

– Alors là, la belle Léa Delmas tenant des discours sur la liberté, ne cherchant plus à *séduire* les garçons. Que t'est-il arrivé pour que tu changes ainsi?

Léa s'est levée avec colère.

– Que m'est-il arrivé? J'ai vu mourir des femmes et des enfants... ma mère est morte sous les *bombes* à Bordeaux... Laurent est perdu on ne sait où... nous n'avons plus d'argent... presque rien à manger... les Allemands occupent la maison et mon père... mon père devient fou...

– Pardonne-moi. Je suis là maintenant, je vais t'aider.

Il l'embrassait sur le visage, sur la tête.

Léa ne bougeait plus. Elle se disait qu'elle ne devait pas, que c'était Laurent qu'elle aimait, qu'elle était folle, mais toute résistance était d'avance vaincue chez elle, tant son désir d'un corps contre le sien était fort.

---

séduire, conquérir; se faire aimer par

une bombe

Le lendemain du retour de Mathias, Léa a accompagné son père, sa tante Bernadette et Ruth à Bordeaux, sous le prétexte d'aller voir Laure et d'acheter des *graines* pour le potager. Après un déjeuner pénible chez son oncle Luc, où il n'était question que de la chance qu'avait la France d'avoir le maréchal Pétain, elle a obtenu la permission d'aller faire des courses.

Heureusement, l'appartement de *maître* Delmas n'était pas loin du siège de «La Petite Gironde», rue de Cheverus. L'employé qui l'a reçue lui a dit que le directeur était absent et qu'on ne savait pas quand il rentrerait.

– Mais c'est important, a insisté Léa.

– Allez voir son ami, le curé de Sainte-Eulalie, il

---

des graines, voir illustration page 23
maître, ici : titre d'un avocat, d'un notaire

pourra peut-être vous aider.

– Merci, monsieur.

Arrivée dans l'église de Sainte-Eulalie, elle s'est agenouillée, réfléchissant à ce qu'elle allait faire et dire.

– Léa, que fais-tu là?

Elle a *sursauté* en sentant une main se poser sur son
épaule. Un homme en complet marron, chapeau à la
main, la regardait.

– Oncle Adrien!

– Suis-moi.

Il s'est dirigé vers la sortie.

Dehors il pleuvait. Adrien Delmas a remis son chapeau et, prenant le bras de Léa, l'a entraînée rapidement.

– Pourquoi es-tu habillé ainsi?

– La robe de dominicain est un peu *voyante* pour
certaines promenades. L'église est surveillée par la
Gestapo depuis quelques jours. Si je ne t'avais pas vue
y entrer, Dieu seul sait ce qui serait arrivé.

– Je te cherchais.

– Je m'en doute, mais ne viens plus jamais par là.
Qu'y a-t-il?

– Laurent s'est évadé d'Allemagne.

– Comment le sais-tu?

– Le lieutenant Kramer l'a dit à Camille.

– Camille n'a pas eu de nouvelles directement?

– Non.

– Alors, que voulez-vous que je fasse?

– J'ai... Camille a peur que Laurent cherche à la

---

sursauter, avoir un mouvement brusque
voyant, qui se voit de loin

rejoindre. La maison est surveillée. Que faudra-t-il faire s'il arrive jusque-là?

– Je dois aller à Langon la semaine prochaine, voir un de nos frères *hospitalisé.* J'en profiterai pour venir à Montillac. Il faut que je prenne des contacts dans la région.

– Je ne peux pas y aller à ta place?

– Non, ma chérie, c'est trop dangereux. Tu en sais déjà beaucoup trop.

– Je veux aider Laurent.

– La meilleure façon de l'aider, c'est de te tenir tranquille. Comment va ton père?

Léa a poussé un profond soupir.

– Je suis inquiète. Il a tellement changé : il ne s'intéresse plus à rien. Il parle sans cesse de maman comme si elle était toujours là. J'ai peur pour lui.

– Une part de lui est morte. Il faut prier Dieu...

– Mon oncle, je ne crois plus en Dieu et je crains bien qu'à Montillac plus personne n'y croie, sauf, peut-être, cette pauvre Camille.

– Ne dis pas une chose pareille, pour moi ce serait terrible. Où vas-tu maintenant?

– Je dois rejoindre Ruth et Laure à la librairie Mollat.

– C'est à côté. Je te laisse. N'essaie plus de me joindre ni au *monastère* ni à «La Petite Gironde». Le journal est surveillé. De toute façon, je viendrai à Montillac au début de la semaine prochaine. Si, par malheur, Laurent arrivait avant, dis-lui de se rendre à

---

hospitalisé, malade qui est dans un hôpital
un monastère, bâtiment où vivent des moines

Saint-Macaire chez le *filleul* de ta mère, qui sait ce qu'il faut faire.

Ils se sont quittés Porte Dijeaux. La pluie s'était arrêtée de tomber.

A la librairie, un employé a dit à Léa que les «dames» Delmas venaient de partir. Par chance, la *graineterie* de la place du marché était ouverte et avait encore quelques *sachets de graines*.

Répondez!

1. A quelle époque le roman se passe-t-il?

2. Quelle est la situation à Montillac?

3. Que savez-vous du maréchal Pétain?

4. Quelle est la nouvelle apportée par le lieutenant Kramer?

5. Que savez-vous du général de Gaulle?

6. Quels sont les rapports entre Mathias et Léa?

7. Pourquoi Léa va-t-elle à Bordeaux?

---

son filleul, enfant qu'elle a tenu sur les *fonts du baptême*

des fonts de baptême

une graineterie

un sachet de graines

– Oncle Adrien!

En compagnie de Camille, le dominicain est venu dans le potager de Léa, qui s'est jetée dans les bras tendus.

– Quelle joie de te voir, mon oncle!

– Il a vu Laurent, il est à Bordeaux! a dit Camille.

– A Bordeaux!...

– Il voulait venir me voir, mais ton oncle l'en a empêché...

– Pour l'instant, tout va bien. Il est fatigué. Il *s'*est *réfugié* en Suisse. Là, il est tombé si gravement malade qu'il n'a pu donner de ses nouvelles. D'ici quelques jours, je le ferai passer en zone libre.

– De quoi a-t-il besoin?

– De rien, pour l'instant. Jeudi prochain, je reviens à Langon voir le père Dupré. Je monterai jusqu'ici vous dire comment Camille pourra rejoindre Laurent. D'ici là, ne bougez pas, ne parlez pas. Si, par hasard, je ne peux pas venir jusqu'à Montillac, je laisserai un *message* à Françoise. C'est elle qui s'occupe du service où se trouve le père Dupré.

– Est-ce *prudent* de lui confier une telle *mission*? a dit Camille, en baissant la tête.

L'oncle et la nièce l'ont regardée avec surprise.

– Françoise n'est-elle pas la sœur de Léa? Ne vivez-vous pas tous sous le même toit?

---

se réfugier, trouver un lieu sûr
un message, information
prudent, sage; réfléchi
une mission, charge donnée à qn de faire qc

24

– Je sais bien...

Adrien et Léa se regardaient sans comprendre.

– Elle peut perdre le message... être arrêtée par les Allemands, a *balbutié* Camille.

– Camille, vous nous cachez quelque chose. Pourquoi doutez-vous de Françoise?

– Non... non... ce n'est rien. J'ai peur pour Laurent seulement.

– Je mettrai une adresse dans «Le Chemin de la Perfection» de Thérèse d'Avila. Mais je viendrai sans doute moi-même vous le donner.

Assises sur la *pelouse*, Camille et Françoise soutenaient

une pelouse

---

balbutier, dire d'une façon hésitante et imparfaite

les premiers pas du petit Charles.

– D'ici un mois, il va marcher, a dit Françoise.

– C'est ce que pensent Sidonie et Ruth.

– C'est Laurent qui serait content de le voir. C'est curieux que tu n'aies pas de nouvelles.

Camille s'est mordu les lèvres.

– Tu vas lire le livre qu'oncle Adrien m'a remis pour toi? «Le Chemin de la Perfection», ça ne doit pas être très drôle.

– Oui, ce n'est pas drôle, mais peut-être utile pour avoir la force de vivre.

– Peut-être as-tu raison.

Depuis qu'elle travaillait régulièrement à l'hôpital de Langon, Françoise avait beaucoup changé : elle était devenue plus féminine, elle était bien coiffée et bien habillée.

– Demain, je verrai Laurent, pensait Camille.

Léa était de très mauvaise humeur. Elle avait rejoint Mathias à Saint-Macaire, chez un ami du jeune homme absent pour la journée.

Mathias avait préparé un *goûter* comme les aimait autrefois Léa : *tartes* aux *fraises,* vieux vin blanc, *cerises*... Il lui a tendu un verre de vin.

– Buvons à notre bonheur.

Lea a bu d'un trait.

– Encore, ça fait du bien.

Son verre à la main, Léa a fait le tour de la pièce.

– C'est *mignon* chez ton copain, a-t-elle dit lentement. Où est la chambre?

---

un goûter, léger repas que l'on prend dans l'après-midi
mignon, gentil; charmant

une fraise

une tarte

une cerise

Mathias ne s'habituait pas à sa *désinvolture*. Il avait l'impression que c'était elle qui menait le jeu et cela ne lui paraissait ni normal ni convenable.

En entrant dans la chambre, Léa a lancé ses sandales à travers la pièce. Elle a posé son verre sur la table de nuit et a commencé à se déshabiller. Puis, elle s'est couchée sur le lit.

– Donne-moi à boire.

– Tu bois trop, a dit Mathias, en revenant avec la bouteille.

Elle a bu lentement, en regardant Mathias se déshabiller.

Assise sur le lit, Léa *dévorait* les tartes et les fruits en buvant du vin, sous l'œil *émerveillé* de Mathias.

– Arrête de me regarder comme ça.

– Tu es si belle.

– Ce n'est pas une raison.

– Quand tu seras ma femme, je te regarderai autant que je le voudrai.

– De quoi parles-tu?

---

la désinvolture, manières trop libres
dévorer, manger avec beaucoup d'appétit
émerveillé, plein d'admiration

– De t'épouser.

– Je ne veux pas me marier.

– Et pourquoi?

Léa a *haussé* les épaules.

– Je ne suis pas assez bien pour toi?

– Arrête de dire des bêtises. Je ne veux pas me marier, c'est tout.

– Je t'aime et je veux t'épouser, a dit Mathias en lui serrant le bras.

– Lâche-moi, tu me fais mal.

– Pas avant que tu m'aies promis de te marier avec moi.

– Jamais, tu entends, jamais.

– Mais pourquoi?

– Je ne t'aime pas.

Mathias a *pâli*.

– Qu'est-ce que tu as dit?

Léa s'est levée et a commencé à se rhabiller.

– Mathias, je t'aime bien, mais... pas comme ta femme.

– Tu es pourtant ma femme.

– Ecoute, ce n'est pas parce qu'on a couché ensemble que nous devons nous marier.

– Qui est-ce?

– Que veux-tu dire?

– Qui est ton amant?

– Je ne compends pas de quoi tu veux parler.

– Tu crois que je n'ai pas remarqué que tu n'étais plus *vierge*? Qui est-ce?

---

hausser, lever
pâlir, devenir pâle
une vierge, femme qui n'a pas eu de rapports sexuels

– Cela ne te regarde pas.

– *Salope* . . . je ne voulais pas le croire . . . toi . . . dont je voulais faire ma femme . . . comme ta sœur . . . une *pute* à *Boches* . . . une pute à Boches . . .

Le malheureux s'est *effondré* sur le lit en pleurant.

Debout, sentant son sang se retirer de son corps, Léa regardait droit devant elle sans rien voir. Elle a soudainement fait peur à Mathias, qui est venu près d'elle.

– Qu'as-tu dit? a balbutié Léa au prix d'un grand effort.

– Rien, j'étais en colère.

Elle a répété :

– Qu'as-tu dit? . . . comme ta sœur . . . pute à Boches . . .

– Pardonne-moi . . . je me suis peut-être trompé.

Léa n'a pas voulu que Mathias la raccompagne jusqu'à Montillac.

Sous prétexte d'un mal de tête, elle est allée se coucher sans dîner. Enfin seule, elle s'est laissée tomber sur les coussins. Ainsi, ce qu'elle avait soupçonné était vrai : Françoise, sa sœur, était la maîtresse d'un des Allemands. Lequel? Otto Kramer évidemment.

Le passage de la *ligne de démarcation* s'était *effectué sans*

---

une salope, femme de mauvaise vie
une pute, prostituée
un Boche, Allemand
s'effondrer, se laisser tomber
la ligne de démarcation, ligne entre la zone occupée et la zone libre
s'effectuer, être fait

une haie

encombre. A la sortie de La Réole, Léa, qui avait promis d'accompagner Camille, a pris une petite route sur la gauche. Très vite une *haie* est apparue. La porte de fer

---

sans encombre, sans ennui; sans difficulté

une allée

était ouverte. Léa a roulé quelques instants sur une large *allée,* puis s'est arrêtée devant une grande maison du début du siècle. Près de la maison, une haute silhouette *boiteuse* a *surgi.* Léa et Camille sont sorties en même temps de la voiture. Camille a donné son enfant à Léa et a couru vers l'homme en criant.

– Laurent...

*Au bout d'*un temps, le couple est revenu vers Léa. Sous le regard de Laurent, elle a *failli* lâcher l'enfant pour se jeter contre lui, mais Camille le lui a pris et l'a tendu à son père.

– Mon fils, a-t-il balbutié, tandis qu'une larme roulait sur sa joue.

Un homme et une femme d'une soixantaine d'an-

---

boiteux, qui traîne une jambe
surgir, apparaître brusquement
au bout de, après
faillir, être sur le point de

nées sont venus les rejoindre.

– Camille et Léa, je vous présente M. et Mme Debray, qui prennent de grands risques pour recevoir chez eux des évadés comme moi.

– Taisez-vous, monsieur d'Argilat, c'est un honneur pour nous d'aider nos soldats, a dit M. Debray.

– Voici Camille, ma femme, et mon fils Charles.

– Venez, entrons dans la maison. Qui est cette jolie jeune fille?

– Mademoiselle Delmas, Léa Delmas, une amie très chère.

– Soyez la bienvenue, mademoiselle. Me permettez-vous de vous appeler Léa?

– Bien sûr, monsieur.

Ils sont restés trois jours dans cette maison. Le deuxième jour, Adrien Delmas est venu les rejoindre. La présence de son oncle a *atténué* un peu l'horrible jalousie que sentait Léa, en voyant le bonheur de Camille et de Laurent.

Un après-midi doux et calme, Laurent et Léa étaient allés faire quelques courses à La Réole. Etant retenue par Charles, Camille ne les avait pas accompagnés. C'était la première fois qu'ils se retrouvaient seuls. Mme Debray leur avait indiqué un boulanger rue des Argentiers, dont le pain était le meilleur de la région et qui vendait encore de la farine. Ils se sont promenés dans les petites rues. Léa a voulu entrer dans l'église.

Devant la chapelle de la Vierge, Laurent s'est arrêté

---

atténuer, rendre moins violent

longuement. Léa s'est approchée de lui, lui a pris la main. Quand elle a levé son visage vers le sien, leurs regards se sont accrochés. Leurs lèvres se sont touchées.

Laurent a repoussé doucement la jeune fille.

– Non... ne me lâche pas.

– Léa, nous sommes fous. Il ne faut pas... je ne dois pas.

– Tais-toi, je t'aime.

– Non, dépêchons-nous, la boulangerie va être fermée.

C'est en prenant un mauvais café dans le jardin, après le dîner, que le dominicain a annoncé à Laurent :

– J'ai trouvé la personne que nous cherchions. Il s'agit de Jean Bénazet, de Varilhes près de Foix. Nous avons rendez-vous demain après-midi à Foix, au Café de la Poste.

– Déjà! s'est écriée Camille.

– Je t'en prie, ma chérie, tu me rejoindras dès que ce sera possible.

Mme Debray s'était levée et avait posé sa main sur l'épaule de la jeune femme.

– Mon enfant, voulez-vous rester ici? Mon mari et moi nous serions très heureux de vous garder près de nous.

– Ce n'est pas possible, a dit Laurent. Camille doit me remplacer aux Roches-Blanches. Je sais par la lettre de Delpèch, notre régisseur, que non seulement la maison est occupée, mais que la vigne est en mauvais état.

Un peu plus tard, Léa a rejoint son oncle sous un grand arbre.

– Oncle Adrien, tu as l'air malheureux.

Sans répondre, il a allumé une cigarette.

– Tu crois que tout ira bien pour Laurent?

Le dominicain l'a regardée. Il ne s'était pas trompé : cette petite était toujours amoureuse de Laurent d'Argilat.

– Tout ira très bien, le *passeur* est un homme sûr. A Alger, il retrouvera ses camarades. Très vite, Camille et son fils pourront le rejoindre.

Léa a pâli.

– Tu dois être heureuse de voir que tout s'arrange pour tes amis, a-t-il ajouté.

– Très heureuse. Excuse-moi, je suis fatiguée, je vais me coucher. Bonsoir.

La journée n'en finissait pas.

Très tôt, la veille, Adrien et Laurent avaient pris le train pour Toulouse, où ils devaient changer pour prendre la direction de Foix. Les adieux avaient été très déchirants. Léa avait cependant réussi à glisser une lettre dans la main du jeune homme, dont la brusque *rougeur* n'avait échappé ni à Adrien ni à Mme Debray.

– Je te confie une nouvelle fois ce que j'ai de plus cher, avait-il dit en l'embrassant.

Enfin Adrien est revenu.

– Tout s'est bien passé? lui a demandé Camille.

– Oui, très bien.

– Quand part-il pour l'Espagne?

---

un passeur, personne qui fait passer une frontière
une rougeur, le fait que la peau du visage devient rouge

– Ce soir, dans la nuit. Il ne sera pas seul, ils sont sept ou huit.

– Si vous saviez comme j'ai peur, mon père, a dit Camille.

– Ne craignez rien, tout ira bien.

– Je l'espère, mais moi, que vais-je faire en attendant? Je veux vous aider. Utilisez-moi.

– Votre premier devoir est de résister au *désespoir*. Il faut attendre que la confiance envers le maréchal Pétain disparaisse. Prenez patience. Dès que ce sera possible, je rentrerai en rapport avec vous pour vous donner des nouvelles de Laurent et vous dire quand vous pourrez le rejoindre. Cependant, vous pouvez me rendre un service : déposer un paquet de lettres à Saint-Emilion.

– Où dois-je déposer ce paquet?

– Chez M. Lefranc, *venelle* du Château-du-Roy. Vous lui donnerez ce guide bleu de la Bretagne, il comprendra. Ensuite, oubliez tout ça et rentrez aux Roches-Blanches. Viens, Léa, marchons un peu, j'ai à te parler.

Tandis qu'elle suivait Adrien dans le jardin, son cœur battait très fort : elle *redoutait* cette conversation.

– Je dois repartir ce soir. Je prends le train de 6 heures pour Bordeaux. Demain, tu conduiras Camille à Saint-Emilion, puis aux Roches-Blanches. De là, tu rentreras le plus rapidement possible en passant par Cadillac, où tu remettras à M. Fougeron, employé à la mairie, ces trois lettres.

---

un désespoir, perte d'un espoir
une venelle, petite rue étroite
redouter, craindre beaucoup

– C'est tout?

– Oui. Ah non! j'oubliais : Laurent m'a remis ceci pour toi.

Léa a rougi, en prenant la mauvaise enveloppe que lui tendait son oncle.

– Merci.

– Ne me remercie pas. Ce n'est pas pour toi que je le fais, mais pour lui, même si je *désapprouve* qu'il t'écrive. Si j'ai accepté, c'est parce que je sentais cet homme déchiré.

Tête baissée, Léa ne disait rien.

Répondez!

1. Pourquoi Adrien Delmas vient-il à Montillac?

2. Qu'apprend Léa au sujet de sa sœur Françoise?

3. Où Léa et Camille rencontrent-elles Laurent?

4. Quels sont les rapports entre Laurent et Léa?

5. Quels sont les services demandés par Adrien Delmas à Camille et à Léa?

---

désapprouver, trouver mauvais

Léa était loin de se douter qu'elle éprouverait de la peine en quittant Camille. C'est, cependant, le cœur déchiré qu'elle s'est jetée dans ses bras avant de partir.

Le passage de la ligne de démarcation à Saint-Pierre-d'Aurillac s'était effectué sans encombre, les lettres ayant été cachées dans la petite valise du bébé. A Saint-Emilion, Camille avait remis le guide de la Bretagne à M. Lefranc. Aux Roches-Blanches, Delpech avait accueilli la jeune femme et son fils avec émotion.

Léa était arrivée à Cadillac peu de temps avant la fermeture de la mairie. Là, elle avait remis les lettres à Fougeron, qui l'avait chargée de *poster* un paquet en zone libre.

A partir de ce jour, elle avait régulièrement effectué le passage du courrier d'une zone à l'autre. Elle avait dû, pour cela, demander au lieutenant Kramer un «*ausweis*» spécial, sous prétexte de surveiller le travail sur les terres de son père à Mounissens et à La Laurence, près de Saint-Pierre-d'Aurillac. Grâce à ses voyages dans les fermes, les repas s'étaient améliorés à Montillac. En outre, Albertine et Lisa qui, disaient-elles, mouraient doucement de faim à Paris, recevaient des paquets.

Avec les vacances, Laure était revenue de son pensionnat, bien décidée à ne plus y retourner. C'était une jolie fille de seize ans, grande admiratrice du Maré-

---

poster, remettre à la poste
un ausweis, allemand pour carte d'identité, passeport

chal. Chaque fois que Léa écoutait Radio-Londres, elle quittait le salon.

Quant à Françoise, personne ne savait vraiment ce qu'elle pensait. Lorsqu'elle n'était pas de service à l'hôpital, on l'entendait jouer du piano toute la journée et promener devant tous un visage qui faisait dire à Ruth :

– Ça ne m'étonnerait pas que cette petite soit amoureuse.

De qui? C'était la question à laquelle Léa refusait de répondre.

Peu après Laure, étaient arrivés Philippe, Corinne Delmas et leur petit frère Pierrot, les enfants de l'oncle Luc. Léa avait retrouvé avec plaisir son cousin Pierrot qui, à quatorze ans, se prenait déjà pour un homme. Comme autrefois, il dormait avec elle dans la chambre des enfants.

Aux repas, les discussions étaient si *animées* que Bernadette Bouchardeau fermait les fenêtres.

– Vous voulez que tout le monde entende! Qu'on se fasse tous arrêter!

La table était nettement divisée en trois camps. Les pétainistes convaincus : Bernadette, Philippe, Corinne et Laure, qui n'avaient pas de mots assez durs pour parler de ceux qui *trahissaient* le Maréchal, donc la France; les gaullistes ou tout au moins ceux qui n'acceptaient pas l'occupant : Léa et Pierrot; et les «sans opinion» pour des raisons diverses : Pierre Delmas, Françoise et Ruth.

---

animé, vif; agité
trahir, cesser de soutenir

Les premiers *prônaient* la *collaboration* demandée par Pétain le 30 octobre 1940, seule façon, disaient-ils, de ramener l'ordre dans ce pays *corrompu* par les Juifs et les communistes; les deuxièmes disaient que la seule chance de la France de retrouver son honneur et sa liberté était de suivre le général de Gaulle. Les troisièmes parlaient peu : Ruth par discrétion, Pierre Delmas par *indifférence* et Françoise... Françoise? On ne savait pas. Souvent, quand la discussion devenait trop passionnée, elle quittait la table.

Un jour, Léa l'avait suivie. Assise sur le banc de fer sur la terrasse, Françoise *sanglotait*. Léa s'était approchée et lui avait demandé doucement :

– Qu'as-tu?

– J'en ai assez d'entendre toujours parler de la guerre, de Pétain, d'Hitler, de de Gaulle... j'en ai assez. Je veux aimer librement... je voudrais mourir.

– Tais-toi! Si quelque chose ne va pas, dis-le. Si c'est ton amoureux qui te met dans cet état-là, quitte-le.

– Qu'est-ce que tu sais de mon amoureux, toi qui vas te rouler dans le *foin* avec un domestique tout en continuant à penser au mari d'une autre? Mon amoureux, s'il le voulait, il vous ferait tous a... Ça ne vous regarde pas. Je vous déteste.

Puis, elle s'est enfuie le long de la terrasse.

Le lendemain, Françoise avait annoncé qu'elle partait pour Arcachon chez une amie.

---

prôner, recommander chaudement
une collaboration, travail en commun
corrompre, rendre mauvais
une indifférence, absence d'intérêt
sangloter, pleurer fortement
le foin, herbe séchée qu'on donne à manger aux animaux

Léa avait parlé à Camille, venue passer quelques jours avant les *vendanges*: que devait-elle faire? Devait-elle avertir son père, Ruth, Adrien?

– N'en fais rien, avait répondu Camille. C'est trop grave. Seule Françoise ou le lieutenant Kramer peuvent te dire si cela est vrai.

– Mais cette phrase «Mon amoureux, s'il le voulait, il vous ferait tous arrêter»?

– Elle l'a dite sous le *coup* de la colère.

Durant le séjour de Françoise à Arcachon, le lieutenant Kramer avait été absent la plupart du temps.

Avec l'automne, tout le monde était reparti vers Bordeaux. Léa avait vu ces départs avec joie, d'autant plus que nourrir tout ce monde, malgré les *tickets* supplémentaires, n'était pas une mince affaire. Elle voyait venir l'hiver sans trop de crainte, grâce aux *conserves*

des conserves

des légumes de son potager et à la *basse-cour,* où elle élevait des poules et des *lapins* … sans compter les

---

une vendange, récolte du raisin pour la fabrication du vin
un coup, ici : action; effet
un ticket, ici : ticket de rationnement; billet donnant droit à l'achat de certains produits

une basse-cour
un lapin

deux cochons. Mais l'argent devenait rare. La vente du vin payait tout juste ceux qui travaillaient la vigne, et encore pas tous. Ces six derniers mois, Fayard n'avait pas été payé.

Par Camille, Léa avait appris que Laurent n'était resté que quelques mois à Alger. Il était maintenant à Londres. Elle avait vu avec joie qu'elle ne parlait plus de rejoindre son mari.

Malgré son amour pour Laurent, elle avait continué à avoir des *relations* avec Mathias. Chaque fois, elle se promettait que c'était la dernière, mais au bout d'une semaine, quinze jours au plus, elle rejoignait le garçon dans la *grange,* dans les vignes ou dans la vieille maison de Saint-Macaire.

De plus en plus, Montillac pesait sur ses épaules. Elle se demandait s'il était bien nécessaire de tant travailler à vouloir garder cette terre qu'elle était maintenant seule à aimer, puisque ni son père ni ses sœurs ne s'en occupaient. Quelqu'un d'autre, cependant, l'ai-

---

des relations, ici : rapports sexuels
une grange, bâtiment où on garde la paille, le foin, les récoltes

mait au point de désirer la posséder : c'était Fayard.
Un jour, il a dit à Léa :

– Tout cela est trop lourd pour une jeune fille
comme vous. Le pauvre M. Delmas n'a plus toute sa
raison, et bientôt il faudra l'enfermer. Vous devriez
conseiller à votre père de vendre. J'ai quelques économies. Bien sûr, il manquera un petit quelque chose,
mais votre père acceptera d'en faire votre *dot*.

Léa a *contenu* avec difficulté sa colère.

– Mathias est au courant de vos beaux projets?

– Plus ou moins. Il dit que ce ne sont pas des choses
dont il faut parler maintenant.

– Vous vous trompez, Fayard, il n'est pas question
pour nous de vendre. Je suis née sur cette terre et je
tiens à la conserver. Quant à l'état de mon père, il n'est
pas aussi mauvais que vous le décrivez.

– Vous n'avez plus d'argent et voilà six mois que je
n'ai pas été payé.

– Nos affaires ne vous regardent pas. Quant à votre
salaire, il vous sera payé avant la fin du mois. Bonsoir,
Fayard.

Le lendemain, Léa a écrit à Albertine pour lui
demander de lui prêter la somme due à Fayard. Par
retour de courrier, sa tante la lui a envoyée et Léa a
chargé Ruth de porter l'argent au régisseur.

A cette occasion a éclaté entre le père et le fils une
violente dispute, qui a décidé Mathias à aller travailler en Allemagne. Léa l'a *supplié* de renoncer à son pro-

---

une dot, argent ou propriété qu'une femme apporte en se
mariant
contenir, ici : retenir; réprimer
supplier, prier avec insistance

jet, lui disant qu'elle avait besoin de lui, que c'était trahir son pays.

– Non, tu n'as pas besoin de moi. C'est à Montillac que tu penses quand tu dis ça. Eh bien, Montillac, *je m'en fous.*

– Ce n'est pas vrai, tu as bu, a-t-elle crié.

– Si, c'est vrai, je ne suis pas comme mon père. C'est toi que je veux, avec ou sans la terre. Mais j'ai enfin compris que tu ne m'aimais pas. Pour moi, plus rien n'a d'importance. Alors, être ici ou en Allemagne...

– Mais enfin, si tu veux absolument t'en aller, tu pourrais rejoindre le général de Gaulle.

– Je m'en fous, je te dis. De Gaulle, Hitler, Pétain : des militaires. Je n'aime pas les militaires.

Le 3 janvier 1942 Mathias est parti pour l'Allemagne.

Répondez!

1. Comment Léa obtient-elle un «ausweis»?

2. Quels sont «les trois camps» sur le plan des opinions politiques à Montillac?

3. Quelle est la situation économique à Montillac?

4. Pourquoi Mathias décide-t-il d'aller travailler en Allemagne?

---

je m'en fous, ça m'est égal

Adrien Delmas avait demandé à Léa de *transmettre* un message à Paris et à Limoges. Elle devait partir sous prétexte d'aller aider sa tante Albertine à soigner sa sœur.

Les demoiselles de Montpleynet étaient heureuses de revoir leur nièce, et après avoir déjeuné chez elles, Léa a annoncé qu'elle allait faire un tour dans le quartier.

Adrien lui avait dit de faire des courses au «Bon Marché», mais la plupart des rayons étaient vides. Alors quoi acheter? Pour presque tout il fallait des tickets. Elle a fini par acheter des crayons de couleurs et une eau de toilette Chanel.

A cinq heures elle était à la librairie Gallimard. Là, elle devait *substituer* un *prospectus* qu'elle trouverait dans le livre «A la Recherche du Temps Perdu» de Marcel Proust à un autre que son oncle lui avait donné. Elle avait l'impression que tout le monde dans

un prospectus

---

transmettre, faire passer
substituer, changer; remplacer

la librairie la *dévisageait*.

– Alors, on cherche un bon livre?

– Vous!

– Eh oui! Moi!

– Raphaël! a-t-elle dit en lui tendant la main.

– Bonjour. Comme c'est étrange! A chacune de nos rencontres, j'éprouve le même petit *pincement au cœur*.

– Vous ne changerez donc jamais?

– Pourquoi changerais-je? Ne vous ai-je pas déjà dit que je m'aimais tel que je suis : juif et *pédéraste*.

– Vous devriez le dire plus fort encore.

– Oh! Je suis ici chez des amis, tout le monde me connaît. Ne suis-je pas un auteur de la maison? Peu connu il est vrai, mais estimé! Mais que faites-vous à Paris?

– Une de mes tantes est malade et l'autre fatiguée : je suis venue les aider un peu.

– Quelle bonne petite... Bien entendu, ce soir vous dînez avec moi.

– Ce n'est pas...

– Taratata. Je passe vous prendre à six heures et demie. Rappelez-moi votre adresse?

– 29, rue de l'Université. Mais je vous assure...

– Pas un mot de plus. Faites-vous belle. D'abord dîner à «La Tour d'Argent», ensuite une réception *mondaine*.

Maintenant, il était trop tard pour échanger les prospectus, mais Adrien avait dit qu'elle pourrait

---

dévisager, regarder avec attention
un pincement au cœur, sensation brève de douleur
un pédéraste, homosexuel
mondain, de la haute société

aussi le faire le lendemain à onze heures.

– Je vous en prie, acceptez.

– D'accord, passez me prendre tout à l'heure.

– Merci.

A «La Tour d'Argent», Léa a fait sensation dans une vieille robe des années 20, que ses tantes avaient sortie de leurs *malles*. Des femmes très élégantes, couvertes de bijoux, dévisageaient avec envie cette jeune fille au visage pâle. Les hommes aussi la regardaient avec des sentiments bien différents.

– Bravo. Vous êtes la plus belle, l'a complimentée Raphaël.

Léa l'a regardé. Il avait beaucoup changé depuis leur dernière rencontre : il avait grossi, il semblait inquiet et fumait cigarette sur cigarette.

– Donnez-m'en une.

– Je croyais que vous ne fumiez pas, a-t-il dit en lui tendant l'*étui* ouvert.

Léa a pris une cigarette à bout doré.

– Vous aimez?

– D'où viennent-elles? Elles ont un drôle de goût.

– Ce sont des cigarettes turques. Si cela vous intéresse, je peux vous en avoir.

– Merci, ce n'est sûrement pas dans mes moyens.

– Qui parle d'argent entre nous, chère amie? Vous me les paierez plus tard.

une malle

un étui

– Non, merci, je préférerais une bonne paire de chaussures.

– Dites-moi ce que vous voulez. Je peux tout vous fournir.

– Comment faites-vous?

– Ça, belle amie, c'est mon secret.

Pendant qu'ils mangeaient un repas *somptueux,* Raphaël a désigné à Léa des femmes et des hommes du monde parisien : Sacha Guitry, Germaine Lubin, Bernard Grasset...

Un homme à l'air encore jeune, suivi d'un très beau jeune homme, s'est approché d'eux :

– Raphaël, toi ici! Je suis heureux de voir que tes affaires semblent s'être améliorées.

– Ça va mieux, beaucoup mieux. Léa, permettez-moi de vous présenter un ami très cher : M. Jean Cocteau. Jean, voici Mlle Delmas.

– Mademoiselle, je ne savais pas que mon ami Raphaël connaissait d'aussi charmantes personnes que vous. Je vous présente le plus remarquable danseur de Paris, mon ami Serge Lifar. Puis-je vous déposer quelque part? Un ami a mis sa voiture et son chauffeur à ma disposition. Où allez-vous?

– Chez mon ami Otto.

– Comme c'est amusant. Nous y allons aussi, Venez!

La porte d'une grande limousine sombre leur a été ouverte par un chauffeur allemand. Léa a reculé.

– Allons, venez, chère amie, vous êtes en bonnes

---

somptueux, magnifique; luxueux

mains.

Léa s'est installée entre Jean Cocteau et Raphaël. Ils ont roulé en silence le long des quais déserts. Quelques instants plus tard, la voiture est passée sous une vaste *porte cochère* gardée par des soldats allemands et

une voûte

un battant

une porte cochère

s'est arrêtée devant le grand escalier d'un *hôtel particulier.*

Jean Cocteau a aidé Léa à descendre de voiture.

– Où sommes-nous? a-t-elle demandé.

– Dans l'hôtel que Bonaparte a offert à Joséphine.

Ils sont arrivés en haut des marches. Un *flot* de lumière, de chaleur, de parfum les a accueillis.

– Où sommes-nous? a-t-elle redemandé.

– A l'ambassade d'Allemagne.

Léa a eu l'impression qu'elle recevait un coup de poing dans l'estomac.

– Je veux partir!

– Vous n'allez pas me faire ça, a dit Raphaël, en l'entraînant vers les salons. De toute façon, c'est trop tard : voici l'ambassadeur.

Léa lui a été présentée et elle n'a pas osé refuser sa main à celle tendue par l'ambassadeur.

Raphaël a emmené Léa au buffet, où elle a mangé cinq ou six *petits fours.*

D'un salon voisin, leur est parvenu un *air* de valse.

– Le bal commence. Quel dommage que je sois un si mauvais danseur. Venez visiter la maison.

des petits fours

---

un hôtel particulier, petit palais
un flot, grande quantité (comme une masse d'eau)
un air, ici : mélodie

Un homme de taille moyenne est passé près d'eux.

– Mais n'est-cè pas mon cher *éditeur*?

– Oui, on vous voit partout. Cette jeune beauté est avec vous? Présentez-moi.

– Léa, je vous présente M. Gaston Gallimard. Mlle Delmas.

– Gaston, voudriez-vous venir un instant, l'ambassadeur vous demande.

– Excusez-moi, mademoiselle, ne bougez pas, je reviens.

– M'accorderez-vous une danse, mademoiselle?

Léa a levé les yeux.

– François...

Elle avait crié son nom.

– Léa...

L'un en face de l'autre, ils se regardaient, sans oser se toucher.

– C'est un drôle d'endroit pour se retrouver, a *murmuré* François. Venez danser.

Il y avait longtemps que Léa n'avait fait un rêve aussi agréable : valser lentement dans les bras d'un homme qu'elle désirait et qui *manifestement* la désirait aussi. Elle oubliait l'endroit où elle était, ces gens qui l'entouraient, la mission dont l'avait chargée Adrien, la guerre, Laurent même.

Après la danse, François a emmené Léa à son hôtel. Quand elle est rentrée rue de l'Université, vers cinq heures du matin, tout le monde dormait. Devant la porte, François a promis de venir la chercher le lende-

---

un éditeur, personne qui publie (= fait paraître) des livres
murmurer, dire à voix basse
manifestement, de façon évidente

main pour dîner.

– Oh, non! éteignez la lumière, fermez les rideaux, a *grogné* Léa.

– Mais, ma chérie, tu nous as dit hier que tu avais des courses à faire ce matin.

Des courses à faire?... Que voulait dire Lisa? Oh, le prospectus!

– Quelle heure est-il?

– Dix heures et demie, je crois.

– Dix heures et demie... Mon Dieu, je vais être en retard.

Elle s'est précipitée dans la salle de bains.

Elle s'est arrêtée de courir quelques mètres avant la librairie. Il était onze heures moins deux.

Le magasin était vide. Il n'y avait qu'un jeune homme qui remplissait des *fiches*.

– Puis-je vous aider?

– Non, merci, je regarde.

Après avoir échangé le prospectus, elle a acheté un livre de Marcel Aymé et est sortie.

Dans sa chambre, une grande *corbeille* de fleurs blanches occupait toute la *commode*. Elle a souri, a retiré ses chaussures et s'est couchée.

L'après-midi, elle est allée voir le film de Louis Daquin, «Nous les gosses», dans une salle des Champs-Elysées. Selon les instructions de l'oncle Adrien, elle

---

grogner, dire de façon pas contente
une fiche, feuille, carte sur laquelle on inscrit des renseignements
une corbeille, une commode, voir illustration page 52

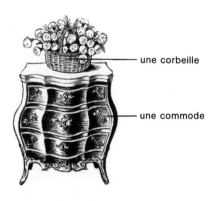

une corbeille

une commode

avait mis dans le livre qu'elle avait acheté le prospectus qu'elle avait pris chez Gallimard. Elle s'est installée à l'avant-dernier rang et, avant la fin du film, elle a
glissé le livre sous son siège et est sortie.

Rien n'indiquait qu'il s'agissait d'un restaurant. Au
deuxième étage d'un immeuble bourgeois de la rue
Saint-Jacques, François a sonné. La porte s'est *entrou-
verte,* puis s'est ouverte.
    – Monsieur François!
    – Bonjour, Marcel, toujours en forme?
    – Faut pas se plaindre.
    Dans leur appartement de quatre *pièces,* Marcel et
Marthe Andrieu avaient installé un restaurant *clandestin* pour des *habitués* qui en gardaient l'adresse secrète.

---

entrouvrir, ouvrir très peu
une pièce, ici : chambre
clandestin, secret
un habitué, personne qui vient régulièrement dans un restaurant, un café

Chez eux, on était sûr de ne jamais rencontrer un uniforme allemand.

Avant la guerre, le couple possédait, dans le quinzième *arrondissement,* un petit restaurant, que François Tavernier *fréquentait* régulièrement. A la fin de l'année précédente, une bombe l'avait détruit. C'était Tavernier qui leur avait procuré le logement de la rue Saint-Jacques.

Avant de passer à table, François a dû aller embrasser le petit-fils du patron, qui était son filleul.

– Je vous félicite, Jeannette, mon filleul est de plus en plus beau.

La femme a rougi de plaisir.

– Je vous envoie mon mari pour la commande.

François a aidé Léa à s'installer, et, un instant plus tard, le fils de la maison est entré.

– Bonjour, René, ça va?

– Ça va, monsieur François.

Après avoir demandé des nouvelles de Camille et de Laurent, François a dit :

– J'ai eu peur pour vous hier quand je vous ai vue entrer avec cette petite *ordure* de Raphaël Mahl.

– C'est un vieil ami. Pourquoi le traitez-vous d'ordure?

– Pour plusieurs raisons. Une entre autres : pour de l'argent, il n'hésite pas à *dénoncer* ses amis à la Gestapo.

– Je ne vous crois pas.

---

un arrondissement, quartier administratif
fréquenter, aller souvent dans
une ordure, ici : homme qui inspire du dégoût
dénoncer, signaler comme coupable

– Il *trafique* de l'or, de l'héroïne.

– Mais, à Bordeaux, il a donné sa place à bord du «Massilia» au père de Sarah Mulsteïn.

– C'est vrai, elle me l'a dit. J'avoue avoir été surpris.

– Sarah est encore à Paris?

– Oui, elle ne veut pas partir. Elle en a assez de fuir. Quelque chose s'est brisé en elle depuis la mort de son père.

– Je ne savais pas qu'il était mort.

– A Alger, la police de Vichy l'a fait mettre en prison.

– Pourquoi?

– Parce qu'il était juif et étranger. Un matin, on l'a retrouvé mort.

– Vous l'aimiez beaucoup?

– Oui, c'était un être remarquable.

Léa a passé la journée du lendemain dans son lit, enfermée dans sa chambre avec une crise de foie.

Le *surlendemain,* à trois heures, un peu pâle, elle est allée au musée Grévin. Tout s'est passé comme l'avait prévu Adrien : devant le tableau de la famille royale au Temple, quelqu'un l'a *abordée* en lui disant : «Nous n'irons plus aux bois», et elle lui a répondu : «Les *lauriers* sont coupés». Il a laissé tomber un *dépliant* sur le musée. Quand elle l'a ramassé, il lui a dit : «Gardez-le, ça peut vous intéresser». Elle l'a remercié et a continué sa visite en *consultant* de temps en temps le dépliant.

---

trafiquer, acheter et vendre clandestinement
le surlendemain, le jour qui suit le lendemain
aborder qn, aller à qn pour lui adresser la parole
un dépliant, prospectus plié plusieurs fois
consulter, regarder pour y chercher des renseignements

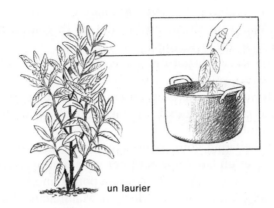

un laurier

Quand elle est revenue rue de l'Université, Sarah Mulstein l'attendait.

– François Tavernier m'a dit que vous étiez de passage à Paris. J'ai eu envie de vous revoir, a-t-elle dit, en l'embrassant.

– François m'a dit pour votre père...

– Oui, n'en parlons pas, voulez-vous?

– Et votre mari?

– Ils l'ont mis dans un camp de concentration. Je ne sais pas lequel.

– Pourquoi ne quittez-vous pas la France?

– Je ne sais pas, j'aime ce pays.

– Passez au moins en zone libre.

– Oui, peut-être. François voudrait que je parte chez des amis à lui, dans le Limousin.

– Où? A Limoges?

– Non, à Eymoutiers, une petite ville, pas très loin.

– Je vais à Limoges demain, vous ne voulez pas venir avec moi?

– Que vas-tu faire à Limoges? s'est écriée Albertine.

Léa a regretté son *imprudence,* mais c'était trop tard.

– Papa a un client qui lui doit de l'argent, il m'a demandé d'aller le voir.

On a sonné à la porte d'entrée, et François Tavernier est entré.

– Je suis ici pour vous, Sarah. Vous ne pouvez pas rentrer chez les Donati : ils viennent d'être arrêtés.

– Non!...

– Il faut que vous partiez. Je vous ai apporté des papiers et un laissez-passer pour vous rendre en zone libre. Ce soir, il n'y a plus de train pour Limoges, et le premier est à 7 heures 30 demain. Maintenant, il faut vous trouver un endroit pour dormir.

– Mme Mulsteïn peut dormir ici, a dit Albertine. N'est-ce pas, Lisa?

– Bien sûr, avec plaisir. Je vais faire préparer un lit.

– Ce n'est pas la peine, mademoiselle, je dormirai avec Léa, si elle le veut bien, comme ça nous nous réveillerons plus facilement et nous ne manquerons pas le train.

– Léa va à Limoges? a demandé François, étonné.

– Oui, j'avais proposé à Sarah de partir avec moi avant que vous arriviez.

– Cela me rassure de savoir que vous voyagerez ensemble. Léa, puis-je vous parler un instant?

– Venez dans ma chambre.

Léa s'est assise sur le lit.

– Je ne vous demande pas ce que vous allez faire à Limoges. Mais je vous supplie d'être prudente. Voulez-vous me rendre le service d'accompagner Sarah

---

une imprudence, manque de précaution; irréflexion

chez mes amis à Eymoutiers?

– Pourquoi veut-on l'arrêter?

– Parce qu'on arrête tous les Juifs étrangers. Acceptez-vous?

– Oui.

– Merci.

On a sonné une nouvelle fois. Léa s'est levée pour aller ouvrir.

C'était Raphaël Mahl qui venait pour dire à Sarah que la Gestapo l'attendait chez elle. Léa a joué la surprise aussi bien qu'elle a pu.

– Je n'ai pas revu Sarah depuis 1940.

– Alors, je vais continuer mes recherches. Et vous, petit cœur, vous partez toujours pour votre campagne?

– Oui.

– Eh bien, bon voyage! Pensez à moi de temps en temps. Adieu.

– Au revoir, Raphaël.

Léa a refermé lentement la porte sur lui.

– Bravo, vous avez été formidable, a dit François, en la prenant par les épaules.

– Vous voyez bien qu'il n'est pas aussi mauvais que vous le dites.

– C'est possible, mais j'en doute.

– Demain, a continué François, quelqu'un viendra vous chercher à six heures et demie. Il aura vos billets.

– Merci François, merci pour tout, a dit Sarah, en l'embrassant.

Répondez!

1. Pourquoi Léa va-t-elle à Paris?

2. Que fait-elle à la librairie Gallimard?

3. Quelle impression vous fait Raphaël Mahl?

4. Où Léa va-t-elle avec Raphaël Mahl?

5. Pourquoi va-t-elle au cinéma?

6. Dans quel restaurant François Tavernier l'invite-t-il?

7. Que fait-elle au musée Grévin?

8. Pourquoi va-t-elle à Limoges? Et avec qui?

Les Allemands des différents passages de la ligne de démarcation de la région connaissaient maintenant Léa. Ils l'appelaient : «*Das Mädchen mit dem blauen Fahrrad*». Quand elle revenait de la zone libre avec un panier rempli de fruits sur son *porte-bagages,* elle en offrait toujours aux soldats de garde. Souvent, sous les fruits, étaient cachées les lettres qu'elle venait de retirer de la poste restante de Saint-Pierre-d'Aurillac. Quelquefois, elle roulait les lettres et les glissait dans le *tube* de la *selle* ou dans le *guidon*.

une selle
un tube
un guidon
un porte-bagages

Elle aimait ces courses à travers la campagne. Elles

Das Mädchen mit dem blauen Fahrrad, la demoiselle à la bicyclette bleue lui permettaient d'échapper à l'atmosphère de Montillac : l'état de Pierre Delmas, la pression qu'exerçait Fayard pour obtenir la vente de la propriété, la présence des deux officiers allemands, et surtout Françoise, dont l'humeur depuis deux mois était *massacrante*. L'argent commençait à manquer sérieusement. Ruth avait remis à Léa toutes ses économies. Avant d'en arriver là, Léa s'était adressée à son oncle Luc, l'homme riche de la famille. L'avocat, dont les idées *collaborationnistes* n'étaient un secret pour personne, lui avait conseillé de vendre la propriété à Fayard. Ils ont fini par se disputer.

Le mois de juillet a ramené Laure à la maison; une Laure *haineuse,* qui, depuis la dispute de Léa et de l'oncle Luc, n'était plus reçue dans le bel appartement. Elle passait ses journées enfermée dans sa chambre, ou à Langon, chez une camarade de pensionnat.

Camille et son petit garçon sont également revenus à Montillac. La Gestapo les avait chassés des Roches-Blanches.

Chaque semaine, à la poste de Saint-Pierre-d'Aurillac, Léa recevait une lettre de Sarah Mulsteïn. Par solidarité envers les Juifs de la zone occupée, elle se promenait dans les rues de la petite ville d'Eymoutiers avec l'étoile jaune cousue sur sa robe.

Le 27 juillet est arrivée la dernière lettre de Sarah. Léa s'est arrêtée sous un arbre et a déchiré l'enveloppe.

---

massacrant, insupportable
collaborationniste, qui est pour la collaboration avec les Allemands
haineux, contraire de tendre

«Quand tu liras ces lignes, je serai de retour à Paris. Les événements de ces derniers jours m'interdisent de rester cachée quand les gens de mon peuple sont conduits à l'*abattoir*. Un ami juif m'a rapporté l'horrible sort qui les attend. Je rejoins mon peuple, sachant que c'est vers la mort que je vais.»

Un merveilleux matin d'été, Léa a reçu une lettre d'Adrien. Il lui demandait d'écouter tous les soirs Radio-Londres, où un message lui dirait de venir le retrouver à Toulouse. A la poste principale, elle retirerait une lettre lui indiquant le lieu du rendez-vous. Elle devait partir deux jours après avoir entendu le message.

Le 2 août, Léa a entendu le message. Durant son absence, Camille s'est chargée du courrier.

A la poste de Toulouse, elle a trouvé un mot lui disant de se rendre vers cinq heures de l'après-midi à l'église Saint-Sernin, après s'être arrêtée à Notre-Dame du Taur.

A quatre heures et demie, elle se dirigeait vers Saint-Sernin. Soudain, un des *battants* d'une lourde porte cochère d'un hôtel du XVIᵉ siècle s'est ouvert devant elle, un homme en est sorti, il l'a attirée et l'a poussée sous la *voûte*.

– Mais...
– Taisez-vous, vous êtes en danger.

Il y a eu des cris et des coups de feu.

– Venez, nous allons passer par les caves.

---

un abattoir, lieu où l'on abat les animaux de boucherie (ici : les Juifs)
un battant, une voûte, voir illustration page 48

– Comment saviez-vous que je devais passer par là?

– J'avais ordre de vous protéger de Notre-Dame du Taur jusqu'à Saint-Sernin.

Ils sont entrés dans l'hôtel par une petite porte, ont descendu quelques marches et ont parcouru de longs couloirs.

Enfin, ils sont arrivés dans une grande salle de *briques* roses, éclairée par des *torches* plantées dans le sable du sol. Léa a aperçu, le long des murs, des tables, des caisses et des lits de camp sur lesquels des hommes étaient étendus.

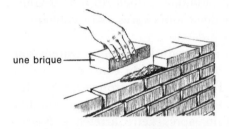

une brique

une torche

Un homme s'est approché d'eux.

– Pourquoi l'avez-vous amenée ici?

– Chef, j'ai cru bien faire.

– Michel, ne vous inquiétez pas.

Cette voix...

– Laurent!...

– Oui, Léa, c'est moi.

Il l'a attirée à lui et l'a enfermée dans ses bras.

– Pour cette nuit, elle peut rester, mais dès demain, elle doit partir, a dit Michel.

– Comment vont Camille et le petit Charles? a demandé Laurent.

– Bien. Comme tu le sais, ils sont à Montillac.

Laurent a installé Léa sur une caisse devant une

table. Ensuite, il est allé chercher du pâté, du pain, des fruits, une bouteille de vin et deux verres.

– Comment faites-vous pour avoir du pain comme celui-là? a demandé Léa.

– Nous avons beaucoup de chance. Un vieux boulanger nous fait notre pain et les paysannes du marché nous fournissent en viandes, en pâtés, en légumes, en fromages et en fruits. Nous les payons quand nous le pouvons.

– Qu'est-ce qui fait du bruit?

– C'est notre *imprimerie*. Nous nous occupons d'une bonne partie de la presse clandestine de la région, ainsi que des *tracts* et des faux papiers.

– Mais c'est dangereux!

– Nous sommes très prudents et ici nous ne ris-

une imprimerie

---

un tract, petite feuille de propagande

quons pratiquement rien.

– Et moi, alors, on ne m'offre pas à boire? a demandé un homme sale et mal habillé.

– Oncle Adrien!

– Père Delmas!

– Bonjour, mes enfants, a-t-il dit en s'asseyant sur une caisse.

Léa lui a tendu un verre.

– J'ai eu très peur quand j'ai vu que l'église était surveillée.

– Jacquet a été formidable.

– Ecoute-moi : je ne vais pas pouvoir rester longtemps. Je t'ai demandé de venir pour plusieurs raisons. Restez, Laurent, ce n'est pas un secret pour vous. Il faut que tu sois de plus en plus prudente. Pour le courrier, tu iras maintenant jusqu'à Caudrot. Le *receveur* et la demoiselle de la poste sont des nôtres. Camille et toi, vous irez *à tour de rôle* et une fois sur cinq, ensemble. Vous aurez quelquefois des messages à remettre *en mains propres*. Dans ces cas-là, M. et Mme Debray vous donneront les instructions. Si un jour, vous entendez à la radio de Londres : «Sylvie aime les *champignons* de Paris», ça voudra dire de ne plus aller à

un champignon

---

un receveur, administrateur
à tour de rôle, chacun à son tour
en mains propres, à la personne même

Caudrot. Maintenant, par la poste, vous allez recevoir des journaux et des tracts. Il faudra les distribuer. Tu as bien apporté une valise solide, pas trop grande?

– Oui, elle est là, a dit Léa, en la lui montrant.

– Très bien. Ce que tu vas avoir à transporter est dangereux. Tu peux refuser.

– De quoi s'agit-il?

– D'aller à Langon et de déposer un poste *émetteur-récepteur* chez Oliver.

– Mais c'est plein d'officiers allemands!

– Justement, c'est pour ça que c'est l'endroit idéal. Le lendemain de ton retour, tu mettras l'appareil dans le panier avec lequel vous faites les courses et tu l'attacheras sur le porte-bagages de ta bicyclette. Ce sera jour de marché. Tu iras de bonne heure, tu achèteras tout ce que tu pourras trouver : fruits, légumes et fleurs. Comme par hasard, tu rencontreras le vieux *sommelier* des Oliver, Cordeau, que tu connais. Tout en bavardant, vous irez jusqu'au restaurant. Là, il te prendra ton panier et l'emportera. Quand il te le redonnera, il sera plus léger, mais il te semblera aussi plein. Là-dedans, tu verras trois *bocaux* de *confit* de

un bocal

émetteur, qui diffuse (= répand) par radio des messages, des programmes, etc.

récepteur, qui permet d'écouter les messages, les programmes, etc.

un sommelier, personne chargée du service des vins dans un restaurant

un confit, préparation de viande cuite

canard. Tu acceptes?

– Oui, j'aime beaucoup le confit de canard.

– La difficulté sera à la gare de Langon. Je *redoute* de mettre le chef de gare au courant.

– Je le connais, je lui apporte souvent des lettres de son fils. Ça ira.

– Ça me semble pouvoir marcher. Si tu veux transmettre un message, préviens Cordeau, il me le fera parvenir et te dira ce que tu dois faire. Tu as bien compris?

– Oui.

– Autre chose : dans la clandestinité, je suis connu sous le nom d'Albert Duval. Maintenant, je dois partir. Dieu te garde!

Après son départ, ils sont restés un long moment silencieux.

– Ces caves sont étonnantes. Je voudrais les visiter, a proposé Léa.

Laurent a pris une torche, et après avoir passé par des couloirs et des salles, ils sont entrés dans une pièce assez petite.

– Ici, c'est un peu mon domaine.

Dans un coin il y avait quelques couvertures, sur lesquelles Léa s'est agenouillée.

– Viens près de moi.

Il a secoué la tête.

Léa l'a attiré.

– Depuis que je suis ici, je n'attendais que le moment d'être seule avec toi.

– Il ne le faut pas.

---

redouter, avoir peur

– Pourquoi? Tu m'aimes et je t'aime. Demain, tu seras peut-être pris ou blessé ou ... Je veux que tu sois mon amant.

Léa a fait passer sa robe par-dessus sa tête. Laurent n'arrivait pas à détacher ses yeux de ce corps. Quand elle s'est approchée de lui, il n'a plus résisté.

Quelqu'un a appelé Laurent.

– J'arrive, a-t-il crié, en repoussant doucement Léa. Celle-ci s'est accrochée à lui.

– Mon amour, je dois m'en aller. Veux-tu passer la nuit ici? Tu n'auras pas peur?

– Non.

Il s'est vite habillé.

– Ma chérie, je veux que tu saches que jamais je n'oublierai le moment que nous avons passé ici. Mais je ne devais pas, ni *vis-à-vis de* toi ni vis-à-vis de Camille.

– Mais tu ne l'aimes pas, c'est moi que tu aimes.

– Oui, je t'aime. Je crois que tu ne peux pas comprendre ce que j'éprouve pour Camille. Nous sommes de la même race, nous aimons les mêmes choses, les mêmes livres ...

– Tu me l'as déjà dit. Tu verras, je changerai. Je suis capable de tout pour te garder.

– Tais-toi, tu me fais peur.

– Langon. Ligne de démarcation. Quarante-cinq minutes d'arrêt. Tous les voyageurs descendent de voiture avec leurs bagages.

---

vis-à-vis de, envers

Léa a vu monter dans le train les douaniers allemands. Un officier les accompagnait.

– Lieutenant Hanke!

– Mademoiselle Léa! Que faites-vous là?

– Je regardais si je ne voyais personne de connaissance pour m'aider à porter ma valise qui est très lourde.

– Laissez-moi vous aider. En effet. Qu'y a-t-il là-dedans?

– C'est un *canon en pièces détachées.*

un canon

– Ne plaisantez pas avec ces choses-là, mademoiselle.

Tout en parlant, ils étaient arrivés à la sortie.

– *Das Mädchen ist mit mir,* a-t-il dit à une des deux femmes chargées de faire le contrôle.

Dans le hall de la gare, Loriot, le chef de gare, s'est avancé.

– Bonjour, mademoiselle Delmas, je vais vous chercher votre bicyclette. Bonjour, mon lieutenant.

– Bonjour, monsieur Loriot. Je dois retourner sur le

---

en pièces détachées, séparé en petits éléments
Das Mädchen ist mit mir, cette jeune femme est avec moi

quai. Aidez Mlle Delmas avec ses bagages.

A sa rentrée, Léa a constaté que l'état de son père *s'était aggravé,* et par Laure elle en a appris la raison : la veille, Otto Kramer avait demandé Françoise en mariage. Laure a supplié Léa de parler à leur père parce que Françoise attendait un enfant.

– Merci beaucoup, monsieur Cordeau, a dit Léa en sortant du restaurant.

Après avoir fixé son grand panier sur le porte-bagages, elle s'est dirigée vers l'hôpital pour parler à Françoise.

A l'hôpital elle a rencontré le capitaine Kramer qui lui a fait ses adieux. Il devait partir pour Paris et y demeurer.

Portant son panier, Léa est entrée dans la salle de repos des infirmières.

Entourée de ses camarades, Françoise, assise, pleurait.

– Que voulez-vous? a demandé une infirmière.

– Je voudrais parler à ma sœur, Françoise Delmas.

– La voilà. Si vous réussissez à la calmer, nous vous serons reconnaissantes.

– Pouvons-nous être seules?

– Bien sûr.

Les infirmières sont sorties pour reprendre leur travail.

– Viens, Françoise, rentrons à la maison.

– Je ne peux pas : que dira papa?

Cette voix d'enfant a ému Léa.

---

s'aggraver, devenir plus grave

– Ne t'inquiète pas, je m'en occupe. Viens.

Elle l'a aidée à se lever.

– Il faut que je me change.

Françoise finissait de s'habiller quand l'infirmière chef est entrée.

– Reposez-vous, je vous donne congé pour demain.

– Merci, madame.

Répondez!

1. Pourquoi Léa s'est-elle disputée avec Luc Delmas?

2. Pourquoi Sarah Mulsteïn retourne-t-elle à Paris?

3. Pourquoi Léa va-t-elle à Toulouse?

4. Où est-ce qu'elle rencontre Laurent?

5. Comment échappe-t-elle au contrôle allemand à la gare de Langon?

6. Pourquoi va-t-elle à l'hôpital de Langon?

Quelques jours plus tard, Léa a essayé de parler à son père lors d'une de leurs promenades d'après-dîner, à travers les vignes.

– Je ne veux plus entendre parler de ce mariage. Tu oublies trop facilement que les Allemands sont nos ennemis.

– Mais papa, ils s'aiment.

– S'ils s'aiment vraiment, ils attendront la fin de cette guerre.

– Françoise a ...

– Plus un mot là-dessus, cette conversation me rend malade.

Il s'est assis sur une des *bornes* du chemin.

– Est-ce nécessaire que tu ailles demain à Bordeaux?

– Absolument. Je dois voir avec Luc comment je peux reprendre la *promesse* de vente que j'ai signée à Fayard.

– La promesse de vente! ... Oh! papa, comment as-tu pu faire cela?

– Je n'en sais rien. Quand il a vu nos difficultés, il m'a proposé d'acheter la propriété.

– Pourquoi ne m'en as-tu rien dit?

– Ma pauvre petite. J'imaginais que tu étais encore une enfant.

– Mais papa, c'est grâce à moi que Montillac existe toujours, et toi, tu me dis ...

– Je sais. Ruth et Camille me l'ont dit. C'est pour

---

une borne, voir illustration page 72
une promesse, action de promettre; contrat

une borne

cela que je dois essayer de reprendre ma promesse et
que j'ai besoin des conseils d'un avocat.

– *Méfie-toi d'*oncle Luc : c'est un collaborationniste.

se méfier de, se tenir en garde contre

– Je ne peux pas te croire. Il a toujours été de droite, *antisémite* et anticommuniste, mais de là à collaborer avec les Allemands...

– Si oncle Adrien était là, il te convaincrait.

– Luc et Adrien n'ont jamais pu se supporter.

– Luc m'a dit que s'il savait où était Adrien, il le dénoncerait.

– Je n'en crois rien, il a dit ça sous le coup de la colère.

– Je voudrais tellement que tu aies raison!

– J'espère également avoir des nouvelles d'Adrien. J'ai écrit à son supérieur pour lui annoncer ma visite.

– Je t'accompagne.

– Comme tu voudras, ma chérie. Maintenant, laisse-moi. J'ai besoin d'être seul.

Françoise attendait Léa sur la terrasse.

– As-tu parlé à papa?

– J'ai essayé, mais il a refusé de m'écouter. Je trouverai un moyen, je te le promets.

– Il ne t'écoutera pas davantage. Que vais-je devenir?

– Tu pourrais... aller à Cadillac, chez le docteur Girard. On dit...

– Quelle horreur! Je préférerais mourir plutôt que de...

– Alors, annonce toi-même à papa que tu attends un enfant.

– Non, jamais je ne pourrai le lui dire. Je vais m'en aller rejoindre Otto. Cela fera peut-être céder papa.

---

un antisémite, personne qui est contre les Juifs

– Ne fais pas ça. Pense à ce qu'il a souffert depuis la mort de maman.

– Et moi, sais-tu ce que je souffre.

– Excuse-moi, mais je n'ai pas envie de te plaindre. Ce que tu as fait me dégoûte.

– Je connais beaucoup de filles qui ont des amoureux allemands. Notre cousine Corinne est fiancée au *commandant* Strukell. Oncle Luc a un peu hésité à donner son *consentement,* mais après la visite du père du commandant, qui est un grand *dignitaire* nazi, proche d'Hitler, il a accepté.

– Demain, j'accompagne papa à Bordeaux; il va chez oncle Luc. L'annonce du mariage de Corinne le fera peut-être changer d'avis. Je te promets d'essayer encore de lui parler.

C'était un homme *accablé* que Léa ramenait à Montillac. D'après Luc Delmas, il était impossible de reprendre la promesse de vente. Le supérieur d'Adrien n'avait pas caché qu'il considérait Adrien comme un terroriste. Non, il ne savait pas où il était et ne tenait pas à le savoir.

Quand Luc avait annoncé le mariage de Corinne et conseillé à Pierre Delmas d'accepter celui de Françoise, ce dernier s'était levé pour partir et avait répondu :

– Ne parlons plus de ça. Adieu!

Françoise attendait avec impatience le retour de Léa

---

un *commandant,* titre militaire
un *consentement,* accord
un *dignitaire,* autorité
accabler, écraser; fatiguer

et de son père. Quand elle a entendu la voiture, elle est allée se cacher derrière un arbre. Elle a vu son père, aidé par Léa, descendre de la voiture et marcher lentement, tête baissée, et a compris que, pour elle, tout était perdu.

C'était fini... Demain, après-demain au plus tard, elle partirait.

Le lendemain, Léa est allée à Caudrot chercher le courrier. A la poste, elle a trouvé un message lui disant de se rendre à La Réole, chez M. et Mme Debray.

– Pouvez-vous aller ce soir ou demain à Bordeaux? a demandé Mme Debray.

– Je ne sais pas. Il faut que je trouve une raison.

– Trouvez-la. *Il y va de la vie* de nombreuses personnes d'un *réseau*. Vous irez 34, cours de Verdun, au cabinet d'assurances de M. André Grand-Clément, et vous lui direz que le *foie gras* de Léon des Landes n'est pas de bonne qualité. Il vous répondra qu'il le sait. A ce moment-là, dites-lui que vous venez pour l'assurance de votre père, et remettez-lui ces papiers : ce

une oie

---

il y va de la vie, la vie est en jeu; il s'agit de sauver la vie
un réseau, ici : organisation clandestine
le foie gras, foie d'*oie*

sont de faux contrats d'assurance, dans lesquels il trouvera nos informations. Au bout d'un moment, dites-lui que vous ne vous sentez pas bien, que vous avez besoin de prendre l'air. Il vous accompagnera. Dans la rue, vous lui direz que le commissaire Poinsot *est sur sa piste,* et que s'il ne l'a pas encore arrêté, c'est sur les conseils du lieutenant S. S. Dohse, qui attend *vraisemblablement* d'avoir tous les éléments du réseau. Dites-lui de prévenir certaines personnes. Vous avez bien compris?

Léa a répété les instructions.

– Très bien. Un de nos amis va vous faire passer la ligne par le bois de la Font de Loup.

– Mais les Allemands de Saint-Pierre me connaissent. S'ils ne me voient pas repasser, ils vont se poser des questions.

– S'ils vous en posent, quand vous repasserez la ligne de démarcation, dites-leur que vous l'avez passée à Saint-Laurent-du-Bois où vous aviez une amie à voir. Je ferai en sorte qu'on se souvienne de vous à Saint-Laurent.

– Comme ça, ça va.

– Hier, nous avons reçu des nouvelles de votre oncle, qui vous charge d'annoncer à sa sœur Bernadette que son fils Lucien est avec lui.

– Oh! cela me fait plaisir. Oncle Adrien n'a rien dit d'autre?

– Non. Il est temps de partir. Vous allez par Labarthe, où vous attend le *maréchal-ferrant.* Il vous

---

être sur la piste de qn, être près de retrouver qn
vraisemblablement, probablement
un maréchal-ferrant, personne qui met des *fers aux chevaux*

76

un fer à cheval

accompagnera jusqu'à Saint-Germain-de-Grave; après, vous connaissez le chemin. Au revoir, mon enfant.

– Au revoir!

Sans encombre, Léa et le maréchal-ferrant ont passé la frontière. A un kilomètre de Montillac, un pneu a crevé et Léa a terminé sa route à pied.

Camille jouait avec son fils devant la maison. Léa lui a dit qu'elle devait repartir tout de suite pour Bordeaux, et Camille a promis de trouver une explication pour Pierre Delmas et Ruth.

A la gare, Léa a confié au chef de gare la bicyclette de Camille qu'elle lui avait empruntée.

Il était près de huit heures du soir quand elle est arrivée cours de Verdun.

Après avoir transmis le message à M. Grand-Clément, Léa est allée à la place du Grand Théâtre. Elle ne savait pas où elle irait coucher. Pas question d'aller chez Luc Delmas. Elle s'est arrêtée devant le *kiosque* à journaux de la place. «La Petite Gironde»... Il lui semblait que le nom de ce journal voulait lui faire comprendre quelque chose. «La Petite Gironde»... Raphaël Mahl... le directeur... Richard Chapon...

---

un kiosque, voir illustration page 78

un kiosque

rue de Cheverus, c'est là qu'elle devait aller.

Neuf heures sonnaient quand elle est arrivée au journal. C'était le même gardien que lors de sa première visite.

– Le journal est fermé.

– Je veux voir M. Chapon.

Au même moment, deux hommes sont entrés dans le hall.

– Messieurs, le journal est fermé, s'est écrié le gardien, en se plaçant devant eux.

L'un des hommes l'a repoussé tout en continuant à avancer.

– Messieurs, qu'est-ce que cela signifie? a demandé Richard Chapon dans l'*embrasure* de la porte.

une embrasure

– Nous devons emmener cette jeune fille pour l'interroger.

– Mais Mlle Delmas est une amie. De plus, son oncle, maître Luc Delmas, est un homme important de la ville.

– Je regrette. Le commissaire Poinsot nous a donné des ordres.

– Très bien, je l'accompagne. Dufour, prévenez maître Delmas que je suis avec sa nièce.

Devant la porte, une Citroën et son chauffeur les attendaient. Léa et Richard Chapon sont montés à l'arrière.

Durant quelques instants, ils ont roulé en silence.

– Mais ce n'est pas le chemin pour aller au commissariat de Poinsot! s'est étonné Chapon.

– Nous allons avenue du Maréchal-Pétain.

– Au 224?

– Oui.

– Qu'est-ce qui ne va pas? a demandé Léa à voix basse.

Richard Chapon n'a pas répondu.

A toute vitesse, Léa réfléchissait : elle n'avait plus rien de *compromettant* sur elle, ses papiers étaient en règle et sa visite à Grand-Clément était *plausible*.

Près de la porte de la maison dans laquelle on les faisait entrer, un soldat était en train d'écrire. Il a levé la tête et a dit en français :

– Qu'est-ce que c'est?

– C'est pour le lieutenant Dohse.

– Bien, je vais le prévenir.

– Je croyais que c'était le commissaire Poinsot qui voulait voir Mlle Delmas?

– Le lieutenant Dohse veut également la voir.

Le soldat est revenu.

Au fond du couloir, ils sont entrés dans une pièce aux doubles portes.

Un homme très grand les attendait debout.

– Bonjour, cher monsieur Chapon. Que faites-vous ici?

– J'accompagne une amie, Mlle Delmas, que vos hommes voulaient conduire au commissaire Poinsot.

– C'est exact, je l'attends d'un instant à l'autre. Asseyez-vous.

– Mademoiselle Delmas, c'est sans doute pour une affaire de famille que vous alliez chez M. Grand-Clément?

– Oui, mon père désire changer certaines de ses assurances.

– Il n'a sans doute pas eu le temps de s'en occuper lui-même hier?

---

compromettant, qui peut causer de la critique, des ennuis
plausible, vraisemblable

– Vous nous faites donc surveiller pour savoir que mon père était à Bordeaux hier?

– Surveiller est un grand mot. Nous avons dans les gares un certain nombre de nos agents, qui nous signalent l'arrivée de certaines personnes.

– Et pourquoi mon père?

– N'est-il pas le frère du père Adrien Delmas, que nous soupçonnons d'*être à la solde de* Londres.

– Mon oncle Luc est également son frère.

– Mademoiselle, votre oncle est un homme qui connaît bien son devoir.

Le téléphone a sonné. Dohse a répondu :

– Oui, très bien, faites-les entrer... Voici le commissaire Poinsot ainsi que maître Delmas.

– Croyez bien, maître, que je suis désolé de vous avoir dérangé.

– Je trouve *inadmissible* qu'on soupçonne quelqu'un de ma famille. Comment pouvez-vous penser que cette enfant puisse s'intéresser à autre chose qu'à ses robes et à ses chapeaux?

– Les jeunes filles de nos jours ont bien changé, a répondu le commissaire Poinsot.

– Pas celles de ma famille, monsieur, a dit sèchement Luc Delmas.

– Excusez-moi, Chapon, je ne vous ai pas salué. Que faites-vous ici?

– Je n'allais pas laisser Mlle Delmas partir seule avec des policiers que je ne connaissais pas.

– Je vous en remercie. Mademoiselle, qu'alliez-vous faire chez M. Chapon?

être à la solde de, être payé par
inadmissible, inacceptable

Léa réfléchissait vite.

– J'allais demander du travail à M. Chapon.

– Mais pourquoi? s'est étonné son oncle.

– Pour aider papa.

Les quatre hommes se sont regardés.

– Je connais les difficultés de ton père, mais je ne crois pas que ton salaire suffirait à l'aider.

– Je suis touché de votre confiance, Léa. Je crois que bientôt je pourrai vous faire une proposition.

– Bon, messieurs, je pense que vous êtes satisfaits des réponses de ma nièce. Allez Léa, tes cousins nous attendent.

Quand ils sont entrés dans l'appartement, Luc Delmas a dit à Léa :

– Je veux que tout soit bien clair entre nous. Je ne suis venu te chercher que pour éviter un scandale.

Le lendemain, Léa a pris le train de quatre heures. Dans sa valise, elle emportait du sucre, du café et de jolis tissus que sa cousine Corinne lui avait offerts. Grâce aux *relations* de Luc Delmas, la famille était toujours bien fournie. Corinne avait tenu à l'accompagner jusqu'à la gare. Léa n'avait pas revu son oncle.

Assises autour de la table de la cuisine, Camille, Laure, Bernadette Bouchardeau, Ruth et la vieille Sidonie paraissaient accablées.

– Que se passe-t-il? a demandé Léa.

– Françoise est partie.

---

une relation, ici : personne qu'on connaît

– Partie? Quand? Pour où?

– Hier soir, je pense. Elle avait laissé une lettre pour ton père et une pour toi, a dit Ruth.

– Où est-elle?

Ruth a sorti une enveloppe de la poche de sa robe.

«Ma petite sœur,

Je pars rejoindre Otto, je souffre trop, loin de lui, j'espère que tu me comprendras. Je sais que papa va avoir beaucoup de peine, je compte sur toi pour le *consoler*. Embrasse Laure, Ruth, Bernadette, Camille et Sidonie. Je les aime toutes.

Autre chose, soyez prudentes, Camille et toi. Il faut que vous sachiez qu'Otto a reçu de nombreuses lettres anonymes, disant que vous passiez du courrier de la zone libre à la zone occupée et que vous *fréquentiez* des terroristes. Otto a déchiré ces lettres, mais son *successeur* risque de prêter attention à de nouvelles lettres. J'ajoute que je vous *approuve*. Cela peut vous paraître surprenant de ma part. C'est vrai que j'aime un Allemand, mais j'aime aussi mon pays.

Léa, tu pourras m'écrire poste restante dans le huitième arrondissement. Dès que j'aurai une adresse, je te la communiquerai. Tu me donneras des nouvelles de papa?

Pardonne-moi de vous quitter de cette manière, mais je n'ai pas le courage de vous revoir. Je t'embrasse tendrement.»

---

consoler, calmer dans la douleur

fréquenter, voir assez souvent

un successeur, personne qui prend la place d'un autre pour assurer un travail

approuver qc ou qn, donner son accord à qc ou à qn

– Françoise est partie pour Paris. Elle vous embrasse toutes. Et papa?

– Il est d'abord entré dans une grande colère, puis est resté abattu sur le banc du chemin. Ensuite, il t'a demandée. C'est à ce moment que ton oncle a téléphoné. Je ne sais pas ce qu'ils se sont dit. Ton père a pris son chapeau et sa *canne*. Il est parti vers le calvaire. Depuis, nous ne l'avons pas revu. Laure est allée le chercher, mais elle ne l'a pas trouvé.

une canne

– On doit absolument le retrouver avant la nuit, a décidé Léa, car il va sûrement y avoir un orage dans la soirée.

L'orage a éclaté vers huit heures du soir, au moment où Léa venait de rentrer. Personne n'avait trouvé trace de Pierre Delmas.

Fayard avait visité chaque pièce de vigne avec son chien. Lui et des voisins qui avaient participé aux recherches se sont séchés dans la cuisine, en buvant du vin chaud offert par Ruth. Vers minuit, tous sont rentrés chez eux.

C'était le curé de Verdelais qui avait découvert le corps de Pierre Delmas dans un coin d'une des chapelles du calvaire. Son cœur fatigué avait cessé de battre au milieu de la nuit.

Répondez!

1. Pourquoi Pierre Delmas doit-il aller à Bordeaux?

2. Quels sont les rapports entre les trois frères, Pierre, Luc et Adrien Delmas?

3. Pourquoi Léa repart-elle pour Bordeaux?

4. Comment se passe l'*interrogatoire* au commissariat allemand?

5. Pourquoi Françoise a-t-elle quitté Montillac?

6. Qu'arrive-t-il à Pierre Delmas?

---

un interrogatoire, suite de questions posées à qn

La souffrance muette et sans larmes de Léa inquiétait Ruth et Camille. Avec un grand calme, elle a donné ses instructions à Ruth et à sa tante Bernadette. Elle a elle-même appelé Luc Delmas, Albertine et Lisa de Montpleynet, leur demandant d'annoncer la nouvelle à Françoise si elles la voyaient. Elle a chargé Camille de prévenir les amis et les voisins et d'avertir le curé de Verdelais.

Tous ceux qui avaient pu, parents, amis, voisins, étaient venus s'associer à la peine des habitants de Montillac. Malgré le risque d'être arrêtés, le père Adrien, dans sa longue robe blanche était là, ainsi que Laurent d'Argilat. Lucien, au grand bonheur de sa mère, les avait accompagnés. Seule Françoise manquait. Le matin du départ de ses tantes pour Bordeaux, elle leur avait dit que pour rien au monde elle n'irait, qu'elle ne voulait pas être *accusée* de la mort de son père.

Léa était assise au premier rang avec les femmes de la famille. Elle se reprochait la joie qu'elle avait eue à revoir Laurent, joie qui lui avait fait oublier durant quelques instants sa douleur. La veille, quand il l'avait prise dans ses bras, elle avait éprouvé un grand sentiment de paix et de bonheur. Par amour pour elle, il était venu, risquant sa vie. Elle était si sûre de cet amour qu'elle n'a pas éprouvé de jalousie en le voyant monter l'escalier avec Camille pour aller se coucher.

---

accuser, présenter comme coupable

Elle prenait peu à peu conscience que, maintenant, plus rien ne la retenait à Montillac. La vente de la propriété leur permettrait d'acheter un appartement à Bordeaux ou à Paris. Elle pouvait aussi louer les vignes et garder la maison. Il fallait qu'elle demande conseil à son oncle Adrien et à Laurent. Rien non plus ne l'empêchait de rejoindre Laurent. Elle vivrait près de lui, partagerait les mêmes dangers...

Soudain, elle s'est retournée. Son cœur s'est mis à battre plus fort. C'était François, qui la regardait.

La cérémonie *touchait à* sa fin. Dans les allées, le *cortège se dispersait* sous un soleil qui blessait les yeux. Léa

un cortège

---

toucher à, ici : arriver à
se disperser, se séparer; se diviser

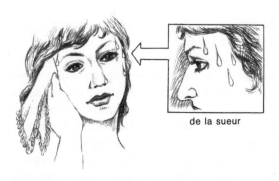

de la sueur

sentait la *sueur* coller dans son dos. La tête lui tournait. Elle a *titubé*. Une main l'a retenue. C'était bon de sentir cette force passer en elle. Fermant les yeux, elle s'est laissée aller contre l'homme, qui l'a entraînée vers l'ombre des arbres du chemin.

– A quoi songez-vous?

– A partir, a-t-elle répondu.

François Tavernier l'a regardée comme s'il voulait lire en elle.

– Pourquoi partir?

– Trop de choses ici me rappellent ceux qui n'y sont plus.

– Laissez faire le temps.

Camille, Adrien et Ruth venaient vers eux.

– Nous rentrons, Léa, tu viens avec nous? a demandé Camille.

Puis, se tournant vers François, elle a ajouté en l'embrassant :

– Je suis heureuse de vous revoir, monsieur Tavernier.

---

tituber, aller de droite et de gauche comme si on allait tomber

88

– Moi aussi, madame d'Argilat. Bonjour, mon père.

– Bonjour Tavernier. Je vous remercie de votre présence parmi nous. Comment avez-vous su?

– Par les demoiselles de Montpleynet. Je ne pensais pas que vous seriez là, mon père. Ni vous, ni M. d'Argilat.

– Nous ne devons qu'aux relations de mon frère Luc de n'être pas encore arrêtés, mais nous repartirons dans la soirée.

– Déjà! s'est écriée Léa.

– Si nous restons plus longtemps, nous sommes en danger. Nous allons rentrer à Montillac, où j'aurai une conversation avec l'oncle Luc et Fayard, afin de voir comment protéger vos droits.

– Camille s'inquiète de te voir seule, a dit Laurent plus tard, quand il s'est approché de Léa sur la terrasse de Montillac.

– C'est elle qui t'envoie? Toi, tu n'as rien à me dire?

– Léa, oublions.

– Pourquoi oublierais-je? Je t'aime et toi aussi tu m'aimes, a-t-elle dit en lui prenant le bras et en l'entraînant dans le petit bois.

– J'ai mal agi envers toi et envers Camille.

– Tu m'aimes, tu entends?

Elle le secouait, en disant cela. Ses cheveux sont tombés sur ses épaules, lui donnant cet air sauvage et fou auquel il avait tant de mal à résister. Son corps se collait au sien. Il a abandonné une lutte inégale et a *baisé* ses lèvres.

---

baiser, embrasser

Il leur a semblé entendre des pas dans l'allée. Laurent a repoussé Léa. François Tavernier est apparu.

– Ah! mon cher, vous êtes là! Votre femme vous demande.

– Merci, a-t-il balbutié, en rougissant.

Léa et François l'ont regardé s'éloigner.

– Je me demande ce qu'une fille comme vous peut bien trouver à un homme comme lui?

– Vous vous répétez. Il est très bien!

– Parfait. Mais je ne vous vois pas avec un homme parfait.

– Sans doute me voyez-vous davantage avec un homme comme vous?

– En quelque sorte. Nous sommes, vous et moi, très semblables. Tout comme moi, vous êtes capable de tout, même de tuer, pour obtenir ce que vous désirez. Vous voulez tout, Léa, et tout de suite. Vous devriez venir passer quelque temps à Paris, cela vous changerait les idées. Vos tantes seraient très heureuses de vous recevoir.

– Je n'ai pas envie d'aller à Paris. Je dois rester ici pour régler les affaires de mon père.

– J'ai proposé à votre famille les services de mon homme d'affaires, maître Robert. C'est un homme honnête et *compétent*.

– Pourquoi accepterais-je une aide de vous?

– Parce que je vous le demande.

Tout en marchant, ils étaient arrivés au bout de la propriété.

– Rentrons.

---

compétent, capable; qualifié

– Non, j'ai envie d'être seule.

– Je vais vous laisser.

– Non, pas vous. Marchons un peu. Allons à la Gerbette.

Tavernier l'a regardée avec étonnement.

– La Gerbette?

– C'est une *bicoque* où je jouais quand j'étais petite. Il y fait très frais.

– Je voudrais fumer.

– Ce n'est pas prudent, a dit François en sortant un paquet de cigarettes américaines de sa poche.

Nus, le corps en sueur, ils ont fumé en silence. Maintenant, dans la bicoque, il faisait presque sombre.

– Ils vont s'inquiéter.

Sans répondre, elle s'est rhabillée.

En rentrant, ils ont trouvé Camille sur la terrasse.

– Où étais-tu? a-t-elle dit à Léa.

– Je ne risquais rien, j'étais avec notre ami.

Camille a eu un bon sourire.

– Laurent et Adrien sont partis. Ils étaient tristes de partir sans t'avoir revue.

Léa a eu un geste fataliste.

Elle n'a pas répondu à l'adieu de François ni à l'appel de Camille qui lui disait de rentrer à la maison. Elle regardait le disque rouge du soleil disparaître et doucement elle a laissé couler ses premières larmes depuis la mort de son père.

---

une bicoque, petite maison en mauvais état

Répondez!

1. Est-ce que toute la famille est rassemblée à Montil-lac?

2. Quels sont les projets de Léa, après la mort de son père?